Inhalt

Sponsoring

Kernthesen

Beitrag

Fallbeispiele

Weiterführende Literatur

Impressum

GENIOS WirtschaftsWissen Nr. 07/2002 vom 31.07.2002

Sponsoring

E.Krug

Kernthesen

- Sponsoring hat sich als Marketing-Instrument gänzlich etabliert und nimmt seit einiger Zeit stetig an Bedeutung zu. (1), (2), (3), (4)
- Mittlerweile zeigen auch mittelständische Unternehmen gesteigertes Interesse am Sponsoring. (1)
- Social-Sponsoring ist nach wie vor das Stiefkind unter den diversen Förderungs-Möglichkeiten. (1), (4), (5), (6)
- Obwohl nicht an der absoluten Spitze des Wachstumsmarktes, wird Sponsoring in Zukunft noch beliebter werden. (3), (4), (7)

Beitrag

Sponsoring heute: ein etabliertes Marketing-Instrument

"Sponsoring wird immer beliebter!" Unterschiedliche aktuelle Studien untermauern diese Feststellung. Heute reichen klassische Werbung oder die übliche Öffentlichkeitsarbeit nicht mehr aus, um der Vielfalt an neuen Marken ein unverwechselbares Image zu verleihen und das Kaufinteresse der Konsumenten zu wecken. (1), (2)

Diese Art von Below-the-Line-Aktivitäten nimmt seit fast 15 Jahren einen festen Platz im Marketing deutscher Unternehmen ein und ist aktueller denn je. Sponsoring, sprich finanzielle oder andere Förderungen eines Unternehmens von bekannten Personen oder Institutionen wird heute gerne mit Internet-Auftritten, Events etc. verbunden.

Zu beachten ist u. a., dass Sponsoring
- professionell, analytisch und mit langfristiger Planung durchgeführt wird
- glaubwürdig zu Produkt und Unternehmen passen muss
- zielgruppengerecht eingesetzt wird
- wirksam, nachhaltig und dominant realisiert wird. (1)

Das Ergebnis der Studie "Sponsoring Trends 2002" (vgl.Cases) zeigt, dass 70 Prozent der Befragten mittlerweile Sponsoring als Marketing-Instrument einsetzen. (3), (4) Die derzeitigen Aufwendungen liegen laut der Studie "Sponsor Visions 2002" (vgl. Cases) bei rund 2,7 Mrd. Euro. (7) 15 Prozent des Kommunikations-Budgets fließen ins Sponsoring, davon der größte Anteil in die Bereiche Sport und Kultur. (3), (4)

Diese Below-the-Line-Aktivität wird in ihrer Wirkung teilweise auch überschätzt. So ist eine Überprüfung der Werbewirkung durchaus erforderlich. Es ist jedoch Tatsache, dass 20 Prozent der Unternehmen auf ein Controlling ihrer Sponsoring- Maßnahmen gänzlich verzichten. (3), (8)

Sponsoring zahlt sich in der Regel erst nach 3 bis 5 Jahren aus, was ungeduldige "Entscheider" vor allem in Krisenzeiten in diesem Bereich sehr schnell zu Budgetkürzungen bewegt. (8) Die optimale Wirkung dieses Marketing-Instruments wird häufig erst im Zusammenspiel mit klassischen Werbemethoden gesehen. Während klassische Werbung in die Breite zielt, dient Sponsoring eher als vertiefende Maßnahme. (8)

Das mittelständische Unternehmen als Sponsor

Mittelständler waren bisher noch etwas zurückhaltend, was dieses Thema betrifft. Heute setzen auch mittelständische Unternehmen verstärkt Sponsoring als Marketing-Instrument ein. Meist unterstützen diese Unternehmen lokale und regionale Projekte. Sie verfolgen das gleiche Ziel wie Großunternehmen, nämlich den Bekanntheitsgrad zu erhöhen und ein positives Image zu erwirken.

Unterstützt von der regionalen Presse kombinieren 80 Prozent der mittelständischen Sponsoren ihre Aktivitäten mit anderen Kommunikationsmaßnahmen. Die Mittelständler werden sich in Zukunft wohl hauptsächlich auf die Förderung von sportlichen und kulturellen Nachwuchs konzentrieren. (1)

Die unterschiedlichen Förderbereiche

Während ein Großteil der Förderbeträge in die Bereiche Sport und Kultur einfließen, wird der soziale

Sektor noch immer zögerlich gesponsert. (2), (6) Fast jeder zweite Euro fließt in den Bereich Sport, ca. jeder vierte in den Bereich Kunst bzw. Kultur. Der Rest verteilt sich auf Wissenschaft und Ökologie, sowie soziale Belange. (4)

Sport

Im Sport dominiert der Fußball. Während große Konzerne bevorzugt die Erst-Ligisten sponsern, ist es bei mittelständischen Unternehmen die Regionalliga, die in erster Linie gefördert wird. (1) Besonderes Interesse zeigen Top-Sponsoren an der Medialeistung der Fußball-Bundesliga. Laut Zahlen des Instituts IFM konnten Werbungstreibende z. B. beim Saisonfinale 2000/2001 mehr als 300 Mio. Kontakte mit den Konsumenten verbuchen. (9)

Kultur

Kultur-Sponsoring bringt den Unternehmen nicht nur Imagegewinn oder mehr Publicity, Kultur-Sponsoring trägt zum Teil auch zur Mitarbeitermotivation bei. Die Mitarbeiter identifizieren sich häufig verstärkt mit dem Unternehmen, da sie u. a. mit

Kulturförderung "höchste Ansprüche" oder "Finanzstärke" verbinden. (10)

Sozialer Sektor

Social-Sponsoring befindet sich in Deutschland immer noch in der Anfangsphase. Sicherlich nicht zuletzt, weil in Deutschland das Sozialwesen in erster Linie Aufgabe des Staates ist, im Gegensatz z. B. zu den vereinigten Staaten. (2), (6)
Hier kann möglicherweise ein Spannungsfeld entstehen, zwischen unternehmerischer Verantwortung auf der einen Seite und Eingriffe in staatliche oder politische Kompetenzen auf der anderen Seite, was die Konzerne teilweise zögern lässt, hier aktiv zu werden. (5)
Dennoch, ein gut geplantes und durchdachtes Engagement für einen guten Zweck bringt dem Unternehmen die gewünschten Vorteile, wie Publicity-Steigerung, positiver Imagetransfer, höhere Absatzziele und erhöhte Attraktivität als Arbeitgeber. (6)

Fallbeispiele

Beispiele für Studien:

"Sponsoring Trends 2002"

gemeinsam erstellt von der Kommunikationsagentur Bob Bomlitz Group und Arnold Hermanns von der Bundeswehr-Universität in München:- Es handelt sich dabei um die größte Umfrage in dieser Branche
- Befragt wurden die 2500 umsatzstärksten deutschen Unternehmen
- Durchgeführt wurde sie das dritte Mal nach 1998 und 2000 (3), (4)

"Sponsor Visions 2002"

erstellt von Pilot Checkpoint, unterstützt von Horizont Sport Business- Befragt wurden 225 Sponsoring-Experten aus Top-Unternehmen und Agenturen + 1000 Bundesbürger zur Wahrnehmung einzelner Marketing-Maßnahmen (7)

Beispiele für Sponsoring-Konzepte:

Kultur-Sponsoring: Documenta 2002

Zum zweiten Mal werden einige Kunstwerke der Documenta im Südflügel des Kassler Hauptbahnhofs ausgestellt. Zusätzlich subventioniert die Bahn zum zweiten Mal die Zugtickets. Laut einer 1997 durchgeführten Befragung der Uni Kassel haben 85 Prozent der 4600 befragten Personen die Bahn als Sponsor wahrgenommen, 38 Prozent bewerteten das Konzept als hervorragend. VW stellte den Künstlern, Besuchern und dem Documenta-Team 18 Fahrzeuge zur Verfügung. (11)

Social-Sponsoring

Coca-Cola Essen hat gemeinsam mit dem Kultusministerium das Social-Sponsoring-Projekt "1000 Schulen in Bewegung" entwickelt. Das Unternehmen unterstützt bundesweit Schulen bei der Ausrichtung ihrer Schulfeste. Das Ziel ist, mehr Bewegung in den Schulalltag zu integrieren. Auch Blend-a-med unterstützt Schulen. Seit 1998 konnten mehr als 800000 Schüler mit Hilfe von kostenlosem Unterrichtsmaterial Grundwissen über gesunde Zähne erarbeiten. (2)

Sport-Sponsoring

Der Boxweltmeisterschaftskampf am 16. März ermöglichte den Sponsoren Sichtkontakte im Wert von mehr als einer Million Euro. Davon profitierte vor allem die Marke Hasseröder, da deren Schriftzug am längsten zu sehen war. (8)

Weiterführende Literatur

(1) Verbinde soziale Wohltaten mit Charisma
aus Lebensmittel Zeitung 14 vom 05.04.2002 Seite 058

(2) Sponsoring ist im Marketing-Mix etabliert
aus Lebensmittel Zeitung 14 vom 05.04.2002 Seite 057

(3) Mehr Geld für Sport
aus werben & verkaufen Nr. 20 vom 17.05.2002 Seite 044

(4) Geld geben und gutes Image gewinnen Eine Studie zeigt: Die Bedeutung von Sponsoring steigt - vor allem in Verbindung mit Events und Internetauftritten

aus FTD Financial Times Deutschland vom 15.05.2002, Seite 33

(5) Social-Sponsoring erfordert Fingerspitzengefühl
aus Lebensmittel Zeitung 14 vom 05.04.2002 Seite 058

(6) Kalkulierte Wohltaten
aus Lebensmittel Zeitung 14 vom 05.04.2002 Seite 003

(7) Sponsoring hoch im Kurs
aus HORIZONT 18 vom 02.05.2002 Seite 004

(8) Kein Allheilmittel
aus werben & verkaufen Nr. 18 vom 03.05.2002 Seite 032

(9) Blindes Vertrauen
aus werben & verkaufen Nr. 19 vom 10.05.2002 Seite 024

(10) Kultur macht Lust auf die Arbeit
aus HORIZONT 16 vom 18.04.2002 Seite 054

(11) Die Farbe des Geldes Am Samstag eröffnet in Kassel die weltweit größte Kunstausstellung - die Documenta. Wie wichtig sind Sponsoren?
aus FTD Financial Times Deutschland vom 07.06.2002, Seite 33

Impressum

Sponsoring

Bibliografische Information der deutschen Nationalbibliothek

Die Deutsche Nationalbibliothek verzeichnet diese Publikation in der deutschen Nationalbibliografie; detaillierte bibliografische Daten sind im Internet über http://dnb.d-nb.de abrufbar.

ISBN: 978-3-7379-0682-1

© 2015 GBI-Genios Deutsche Wirtschaftsdatenbank GmbH, Freischützstraße 96, 81927 München, www.genios.de

Alle Rechte vorbehalten. Dieses Werk ist einschließlich aller seiner Teile – z.B. Texte, Tabellen und Grafiken - urheberrechtlich geschützt. Jede Verwertung außerhalb der Grenzen des Urheberrechtsgesetzes bedarf der vorherigen Zustimmung des Verlags. Dies gilt insbesondere auch für auszugsweise Nachdrucke, fotomechanische Vervielfältigungen (Fotokopie/Mikroskopie), Übersetzungen, Auswertungen durch Datenbanken oder ähnliche Einrichtungen und die Einspeicherung und Verarbeitung in elektronischen Systemen.